शायरी
मुंतज़िर
silsila mohabbat ka

AF534810

अभिनव यादव

BlueRose ONE .com
Stories Matter

First Published in May 2023

ISBN: 978-93-5611-286-5

BLUEROSE PUBLISHERS

www.BlueRoseONE.com

info@bluerosepublishers.com

+91 8882 898 898

Cover Design:

Muskan Sachdeva

Typographic Design:

Pooja Sharma

Distributed by: BlueRose, Amazon, Flipkart

इब्तिदा

मोहब्बत से भरे एक दिल में उछलते जज़्बातों का और उनसे पैदा हुए हालातों का मजमुआ है मुंतज़िर।

जहां इश्क, और सच्ची, मगर नाकाम मुहब्बत की यादों से गुज़री जिंदगी के आगाज़ और अंजाम के बीच में राही के इंतज़ार को बयान किया गया है।

इश्क में डूबे इंसान की पहचान सिर्फ आशिक की हो जाती है, जहां दिन में वो मोहब्बत खोजता है वहीं रात में अपनी पहचान।

खबर-ए-इश्क़ में पहचान यूं हुई बाखत:
के गुज़रे दिल को ढूंढने धड़कन-ए-सदा गुज़रे।
यूं ही न था दिन और रात की यारी का झगड़ा
जो तड़प दिन में रही वही रात के ख्वाबों में गुज़रे।

सबब

मोहब्बत जुनूं और दर्द की मलकियत है, जिसके बगीचे में उल्फत के फूलों के साथ गम के काटें भी उगते हैं और मोहब्बत में रहने वाला आशिक जब उन फूलों को अपने सीने से लगाता है तो उसकी खुशबू के नशे में इतना खो जाता है की ये महसूस ही नही कर पाता है की वो कांटे उसके दिल में कितने सुराख कर चुके हैं और जब तक होश आता है तब तक बहुत देर हो चुकी होती है।

वो फूल नही रहते हैं सिर्फ रहते हैं दिल में चुभे कांटें और उनसे मिला दर्द जो अक्सर कलम से उतरकर पन्नों में उन फूलों सा ही महकता है।

फूलों की जवानी उनकी खुशबू से और उल्फत की जवानी यादों से।

शायद ये ही एक शायर की पहचान है कि वो हमेशा अपने ज़ेहन में यादें जवान रखता है और जब वो लिखता है तो यादें महकती है।

मैं शुक्रिया अदा करना चाहूंगा

प्रीति त्रिवेदी, प्रयाग सिंह, अस्मिता यादव, प्रज्ञा जोशी का और उन सभी दोस्तों का जिन्होंने अपने अपने बगीचे के कुछ फूल मुझे सौंपे और मेरी शायरी को महकाया।

पैगाम

एक बहुत आम सा ताना हमारे मुआयशरे में शायरों को मारा जाता है।

लोग दिल टूटने पर शायर बन जाते हैं,

दिल टूटना आम बात हो सकती है लेकिन हम शायर तो उन पतंगों को तरह हैं जिन्हें

खरीद कर उड़ाता कोई और है

काटता कोई और है

और फिर लूटता कोई और है

मगर हम फिर भी उड़ते हैं और उड़ते रहेंगे

विषय सूची

तरतीब

'Mera Muzrim' describes a fallen love of a man. He lets himself go, so deep, that he feels lost. To keep his love, he sacrificed his soul, his emotions – himself. A love that is forced to stay is a love that makes us spend ourselves. The emotion narrated here is of how loving a narcissist can make us feel low, worthless; the truth is that even though he knows she hurts him – he will not leave her because unlike her, he loves her.

1

मेरा मुजरिम

वो टुकड़े करता गया
मैं तमाशा बनाता गया
अपनी चाहत में बेवफा
क्या–क्या कराता गया।

मैं रोज धुंआ उड़ाता गया
वो कलेजा जलाता गया
उसको आदत बनाकर
मैं खुद को हराता गया।

अपनी मस्ती को ज़ालिम
इश्क बताता गया
मैं वफा को गिड़गिड़ाता रहा
उसे मजा आता गया।

वो परखता गया अपने जाल की पकड़
मैं इश्क समझकर ज़हमत उठाता गया
देकर खुद के हालातों का वास्ता
मुझे मेरा मुज़रिम बनाता गया।

'Kuch Esi Batein Karna' narrates a story of eternal love. Love that stays and proves the proverb "Even death can't do us apart". While people in our world crave love while being alive, some souls in this universe love each other till they die. They talk, laugh, live and spread the love with just a breeze that reminds them of their loved one. Death is not their enemy. They have overcome every obstacle with their ethereal love.

2

कुछ ऐसी बातें करना

जज़्बातों सी निखरना
तुम मेरी आंखें पढ़ना
फिर स्याही सी बिखरना
और शायरी में सँवरना
कुछ ऐसी बातें करना।

जहाँ गड़े जनाज़ा मेरा
तुम आया–जाया करना
ना कोई सुने जो बात तुम्हारी
वो मुझे सुनाया करना
कुछ ऐसी बातें करना।

गुमसुम सी इन गलियों में
ना साथ मिले–मत डरना
जुड़ी हुई है रूह हमारी
बस कहते–कहते चलना
कुछ ऐसी बातें करना।

'Vo Ek Shayar Hai' is the reality of a shayar's or poet's life. People often assume that the one who writes is the one whose heart has been broken. But it is just a partial truth. They feel a lot more than others. They are empaths who write the pain of the world on paper, they espy lives and let the world catch the drift of their thoughts while they pour their hearts out.

3

वो एक शायर है

खुद का वजूद पाने के लिए
उनकी आंखो में अपनी पहचान ढूँढता है
वो एक आशिक है
टूटे ख़्वाब ढूँढता है।

उधड़ती यादों के पलों में
दामन पे लगे दाग ढूँढता है
वो एक दीवाना है
आँसुओं का हिसाब ढूँढता है।

खामोशी से सहकर सब
अपनाए जाने का रिवाज ढूँढता है
वो एक मासूम है
सब में प्यार ढूँढता है।

हवाले खुद को दर्द के देकर
झूठे वादों में करार ढूँढता है
वो एक शायर है
लफ्ज़ो में जज़्बात ढूँढता है।

The separation of lovers is 'Usey Vo Sath Nibhana na tha'. The relationships are usually doomed because one was too in and one was too out. The building blocks of a relationship are trust, communication, and loyalty when either one of them breaks, it all falls down. The poet narrates his urgency of trying to save his failing relationship. He wants to communicate and save what all is left but she doesn't want to. She doesn't want to try or hold what is breaking.

4

उसे वो साथ निभाना ना था

ये शिकवा कोई अनजाना ना था
पर मुझसा कोई दीवाना ना था
बस मेरी नजर उसकी नज़रों पर थी
उसे वो साथ निभाना ना था।

वो ना समझता हो दिल–ए–तशनगी
पास उनके ऐसा कोई बहाना ना था
क्यों जोड़ लिया उनसे खुद को इस कदर
कि रूह का मेरी कोई ठिकाना ना था
उसे वो साथ निभाना ना था।

जब बैठे थे हम दूर–दूर से
नज़दीकियों से बैर छुपाना ना था
जो हाथ पड़े थे ठंडे जुनूं में
उसको हाथ थमाना ना था
उसे वो साथ निभाना ना था।

मैंने भी हलचल बंद कर दी थी
जब से उसने पुकारा ना था।
जब पड़ी हुई थी लाश इश्क की
उसको कंधा लगाना था।
उसे वो साथ निभाना था।

'Bolo?' is about the insecurity one has when it comes to offering love. The feeling of uncertainty as to whether they will accept your love or you. The question that arises in one's mind while confronting or thinking about the one, one loves. The poet narrates that one craves their love's attention, their approval, their presence, and them as well but they don't get it. This poem also speaks and represents the scenario of an open relationship as two people are in love but their thirst of needs is also quenched by someone as well.

5

बोलो?

आग उनमें भी लगी है
हम भी आज प्यासे हैं
अब इस दो घूंट इश्क से
उनकी आग बुझाऊं या
अपनी प्यास,
बोलो?

हैं नहीं बावस्ता हमसे अरमान उनके
मगर दिल–ए–आरजू से वो अनजान नहीं हैं,
इतनी छोटी सी उम्मीद में,
सिर्फ घात लगाऊं या
कोई आस,
बोलो?

उफ़ यूँ ही उन्हें चाहने लगे हैं
वो भी आहत हैं चाहत से हमारी
अब मरहम लगाने
उनसे दूर जाऊं या
आऊं पास,
बोलो?

उनकी हर नज़र से नज़र–अंदाज हूँ
और मैं एक नज़र के लिए नजराना देने को
बेताब हूँ।
बस इतना करीब जाने के लिए
सँवारू नसीब या
अपना लिबास,
बोलो?

The stagnant nature of life is what 'Kya Hawa ko Ishq Hua Tha?' narrates. The grey monotonous life that we live without even realizing because of our daily responsibilities. Then an unexpected appearance of someone so fresh and lively can affect you as well. You see life in a different light and start some new experiment with life. All those rules and responsibilities that made you stagnant, you question them and try to be enthusiastic about life. Their presence makes you feel so elevated that even you feel different than how you were before.

But those changes, those feelings, all the risks that you were ready to take, all of this was for somebody who was not even going to stay forever. That fresh wave was just here for a few days. It gave you all that you ever wanted – it made you feel all the emotions you ever wanted to feel and then they leave – leaving you with a question "did they ever even love you?"

6

क्या हवा को इश्क़ हुआ था?

सब बहता था
मैं ठहरा था
सामने चट्टान थी
उसके पार समय की
दुकान थी।

वक्त बहुत था
ठहरे रहने के लिए
पर हवाएं हाथ खींच रही थी
कहीं चलने के लिए।

अब कुछ वक्त खरीदना था
फिज़ा की ताज़गी पर भरोसा था
अब हलचल थी कुछ करने की
खातिर–ए–भरोसे खुद से लड़ने की।

मुझे घबराहट भी
हवा में लेकिन सरसराहट थी
वो मेरे बढ़ते भरोसे की आहट थी।

बस चढ़ गया चट्टान पे
फिर खड़ा था वक्त की छोटी दुकान पे
समय से सौदा हुआ ही था
और आशिक मेरा दुआ में था।

अचानक हवा यूँ रूक गई
सौदे में इज़्जत झुक गई
हवा भी अब बदल गई
किसी और किनारे चल गई।

वक्त भी मेरा बदल गया
कुछ ऐसा आशिक कर गया
ना ठहरा हूँ ना बहता हूँ
बस कांप–कांप कर कहता हूँ।
क्या हवा को इश्क़ हुआ था?

When somebody cheats on you but still you crave their love and affection are what the poet wants to narrate in 'Kitna Mamuli Tha'. The loss of interest in somebody you once loved is one of the biggest reasons why relationships end poorly. Even when you love them with all your heart, they don't recognize your worth and therefore, become harsh towards you and your feelings. While you give your all, they just throw it away.

7

कितना मामूली था

रोज़ हांफता हुआ
सीढ़ियाँ चढ़ता था
तेरे दिल का दरवाज़ा
खटखटाने को
तेरा यूँ
मुझे बाहर छोड़ कहीं चले जाना
कितना मामूली था।

अपनी उलझन को
मैं खुद ना समझूं
सुनकर सिमटे हुए
बिस्तर से सच
तेरे इक बार झूठ
कह देने को तरसूं
मगर, तेरा यूं
मेरी हर ख्वाहिश पर
कुछ कहे बिना ही
मुकर जाना
कितना मामूली था।

मामूली तो था मेरा यूँ
चुप बैठना भी
हौसला–शिकन बेचैनी में,
तुझे भी तो इल्म था,
क्या गुज़र रही थी
तड़पते लम्हों के आलम में,
फिर क्यों, तेरा यूँ
मुझे अकेला छोड़ किसी और से
मिलने जाना
कितना मामूली था।

ये तेरे इश्क का असर था
वो घर भी मुझे जिन्दा मालूम होता था
दुआएं थी उन दीवारों को
जिन्हें तेरी तस्वीरों की हिफ़ाज़त दिया करता था
तेरे लिए, मेरा यूँ
उस घर को छोड़ कर चले जाना
कितना मामूली था।

The poet narrates about the excruciating pain and unbearable secrets that it keeps within. 'Woh Dhadkano ko Sunn Raha hai' is a club of words that can make you relate to the situation as to how a heart keeps it all in and just keeps on burying itself in the ocean of hurt that it has been through. Further the poet says that when it was too unbearable for his heart, all those emotions reflected on his face - maybe it was a punishment that heart was taking because it couldn't hold it in or maybe it was the point where the heart gave up on bearing it all.

8

वो धड़कनों को सुना रहा है

कितना नाराज़ है
ये दिल मुझसे
वो धड़कनों को
सुना रहा है।

ना जाने कितने किस्से
सम्भालें हैं मैंने इसके तहफ्फुज़ में,
सबकी शायरी बना रहा है,
वो धड़कनों को सुना रहा है।

अब और छुपा ना सकेगा
वो राज़ ग़मों के
कमबख्त मेरे चहरे पर
दिखा रहा है,
वो धड़कनों को सुना रहा है।

शायद खुद के टूटने की
सज़ा दी है इसने
अब ये भी ज़ालिम दर्द बढ़ा रहा है
वो धड़कनों का सुना रहा है।

'Aaj Kuch Dard Khareed Kar Lauta Hu' narrates the pain that a person get after getting betrayed or cheated on by their loved one. It relates it to a situation where the poet goes to the market. He trades his memories of her in the market of love and buys pain. The feeling of being just a toy to someone and nothing more than that. They use and throw according to their want and it leaves one with unbearable pain.

9

आज कुछ दर्द खरीद कर लौटा हूँ

आज कुछ दर्द खरीद कर लौटा हूँ,
इश्क़ के बाज़ार से
वहां उसकी यादें बिक रही थी।

मैं खिलौना था उसका
मुझे वो बड़े हक़ से रखता था
उसकी ये आदत हर रोज़
बदलते दिख रही थी।
और

समझ ना पाया मैं भी
अपनी चाहत और हालत में फर्क
लाचार दिल को तो बस
मुलाकातें दिख रही थी।

आज कुछ दर्द खरीद कर लौटा हूँ
इश्क के बाजार से
वहाँ उसकी यादें बिक रही थी।

The poet narrates the fear of loneliness one has in 'Jaane Kyu Haan Karte Hai'. When one meets their lover even after all the problems they face, but still isn't appreciated and still they say 'yes'. When we have someone to hold, to talk, to love - but still it feels incomplete or it gives us pain; but we don't back out, we give in the crime of love and then ask 'why did we say yes?'. The poet talks about the question one has when they have someone but still are afraid of loneliness.

10

जाने क्यों हाँ करते हैं?

अपनी तनहाई से सब डरते हैं
जाने क्यूं वफ़ा करते हैं
जाने क्यूं हाँ करते हैं?

तू उस रोज़ जब मिलता था
इक पल को तो ना कह देता
कितनी तकलीफों से हम अपना
इश्क़ जवां करते हैं
जाने क्यूं हाँ करते हैं?

दो पल ठहरे तब हाथ थमा था
तुझसे मिलने का बस जाम उठा था
किसकी खता है इश्क़, होश ना समझे
चल फिर से नशा करते हैं
जाने क्यूं हाँ करते हैं?

'Ae Sathi Naye Se' talks about when we enter a new relationship with someone new and different. It is a new journey where you both are new yet one is an old wanderer. The poet asks the new partner to give him the strength and reason to keep on walking. He asks his new love to hold his hand and walk with him till the end of the line through all the old landmarks, he once went. He claims that he maybe is an old wanderer but still he'd like his new love to sit with him and give him a new reason to walk along with them because the path they have to walk is enigmatic.. He wants nothing more just to give him a small space and keep him and his memories as it has been a tiring journey.

11

ऐ साथी नए से

ऐ साथी नए से,
मैं बेशक राही पुराना हूँ
आ कुछ देर बैठ कर
मुझे भी दूर चलने का हौसला दे।

हम कदम अब तू है सही,
चला लगा ले दरख़्तों पे इश्क के निशाँ
बस कुछ पल मेरा हाथ पकड़
मुझे भी भूले मुकामों की राह दिखा दे।
ऐ साथी नए से,
मैं बेशक राही पुराना हूँ
आ कुछ देर बैठ कर
मुझे भी दूर चलने का हौसला दे।

ये रास्ता पेचीदा है
अब तू भी थक चुका है,
मेरी तो सांसे टूट रही हैं
बस यूँ कर, कब्र पे मेरी मोहब्बत
लिख कर
मुझे भी ख्यालों में दफना दे।

मेरे प्यार को बस इतनी सी जगह दे,
बस इतनी सी जगह दे।

The poet narrates his new resolutions for himself. All of what has been lost, what has been forgotten. All the pain that he cried through his eyes, the cold that made him shiver and shrink - he wants to take it all away and move ahead because 'Zindagi Baaki Hai'. He describes all the things he went through and how much he wanted to give up or just run away but he remembered that he is still breathing.
He is still alive. He still has a lot to live.

12

ज़िंदगी बाकी है

ज़िंदगी के काले सुरमे से
फिंर बज़्म–ए–ख्वाब सजाना है,
जितनी चमक इन आँखों में
उतना अंधा ज़माना है।

कुछ हार गया
कुछ टूट गया
सब याद किया
फिर भूल गया।

मैं रोया, बिलखा, लेट गय
आँखों का सुरमा छूट गया
नंगे बदन सा इस सर्दी में
तिल–तिल कर खुद में सिकुड़ गया।

पर आज भी आँखें खुलती हैं
उम्मीद के आँसू रोती हैं।

समय की प्यासी दुनिया में
वक़्त खुद का भी दिखाना है,
जितनी नर्मी इन बातों में
उतना बेरहम ज़माना है।

कहीं निकल गया
कहीं पहुँच गया
अब रेत की तरह
फिसल गया।

मैं खोया, छिपकर, भूल गया
अनजाने सबसे दूर गया
होठों पर भारी इस खामोशी में
कुछ कहकर थकना भूल गया।

पर आज भी सासें आती हैं
अभी और ज़िंदगी बाकी है।

The poet talks about the journey of falling in love and the end of the journey with heartbreak. How it all starts with just a glance and then presence and then it continues to being together, spending all the time together - Reading letters written by each other and thinking like they are narrating it.

As the relationship will escalate, two bodies become their souls intertwined, and when finally it reaches to the last stop of finding love which would be standing a few feet away - why does one have to betray the other? Why that pain must exist?

13

काफ़ी है

इतनी हलचल में बेहोशी है
फिर होती बेहोशी में हलचल,
लेकिन शाम में कुछ पलों का खुमार
और तेरी याद की वो घड़ी
काफ़ी है।

ना सदा जिसकी जुस्तजू
ना गज़ल जिसकी आरजू
बस बिस्तर पर बिछे कुछ पन्नें
और उन पन्नों से आती तेरी आवाज़
काफ़ी है।

लाज़मी है दो जिस्मों का तर होना
इश्क़ की मीठी चाशनी में,
फिर हाथ थामना भी है ज़रूरी
इश्क़ की मंज़िल खोजने में,
फिर क्यूं
छोड़ने के लिए ये सफ़र अधूरा
किसी एक का यूं बेवफ़ा होना
काफ़ी है।

'Gunah-e-may' narrates the detachment one feels after going through a lot and getting nothing in return. The poet narrates that no one understood what made him create a distance but they all just had one excuse 'we fell apart'. The poet says that all the emotions that he tried to keep in, all just fell apart. They burst open and then ruined everything.

14

गुनाह-ए-मय

दाखिल हुए इस तरह
महफ़िल में मसला हो गया।

गुनाह–ए–मय का
जबरन फैसला मेरा हो गया।

ना वो समझे, ना तुम
क्यों अपने–पन से हौसला खो गया।

बेचैनी से मेरी चैन है सबको
वजह यही रही,
सबसे फासला हो गया।

थमे हुए जज़्बात थे मेरे,
फ़रमाइश से सबकी
ग़म से बिसमिल्ला हो गया।

'Uss Roz Tujhe Jaate Dekha' narrates the vulnerability of the poet. The fact that he lets his emotions come out so naturally without being ashamed of what could people think of those raw tears, the begging for his love to stay. He is dabbling between whether he should ask his love to stay with him or just let them go. He is scared but not wrenched just because he is broken. He is seeing her walking away and doesn't want to stop her... doesn't or couldn't? A piece of him is leaving with her but he'd rather see her go if it means she is happy.

15

उस रोज़ तुझे जाते देखा

उस रोज़ तुझे जाते देखा
सोचा रूठ जाऊं
रूठकर सो जाऊं
शायद मेरी आंख खुलने पर
तू मेरे साथ चलेगा।

उस रोज़ तुझे जाते देखा
सोचा थोड़ा घरबराऊं
घबरा कर तुझे डराऊं
शायद मेरी तसल्ली पर
तू मेरे साथ चलेगा।

उस रोज़ तुझे जाते देखा
सोचा रोकर गिड़गिड़ाऊं
गिड़गिड़ाकर तुझे मनाऊं
शायद मेरी सांस उखड़ने पर
तू मेरे साथ चलेगा।

लेकिन मेरी उम्र का हिसाब
कुछ ऐसा है –
झूठी सी मुस्कान के साथ
सब समझता रहा।
समझदारी मुझे दुख देती रही
मैं तुझे जाते देखता रहा।

हो जाये कोई करिश्मा ही
कि इतनी भी उम्मीद नहीं
सयाना जो हो चला हूँ
वहशत में बैठा ढीठ नहीं

तो
रूठा मगर सोया नहीं
घबराया मगर डरा नहीं
रोया तो बहुत,
आँसू मगर दिखाया नहीं

वैसे भी, फ़ुर्क़त में इतनी फुर्सत कहाँ थी?
आख़री पलों में
मुंह मोड़ने की भी हिम्मत ना थी।

तो
सिर्फ तुझे देखा
उस रोज़ तुझे जाते देखा।

The poet narrates the feelings he is drowning in when his love left him but the only thing that keeps him floating are their memories together. He lets the fact known to the readers that they both walked together but just halfway and even if she left, he is still visiting the old memories to keep their love alive.

He admired her to the very core and still, there wasn't much he could do to let her stay. But the fact that, this distance hasn't damaged his love – it has strengthened him and his promise to live...live for her.

16

उन्हीं के लिए जिया करते हैं

वो बेकस हमें राहों में छोड़कर चले गए,
हम उनकी यादों से आज भी गुज़रा करते हैं।
वो भूल गए कि मंजिल–ए–इश्क हमारी चाहत थी,
हम फिर भी उनका रस्ता खोजा करते हैं।

हमने साथ चादर बिछाई थी,
इश्क की दरगाह पर–
कि पाक रहे हमारे इश्क की किताब।
मगर हुआ ना हमारी दुआ का असर उनपर,
और हम आज भी नाम का उनके सजदा किया करते हैं।

ये अदा थी उनकी कि वो आँख झपकते तो
हम उनकी रज़ा समझते थे।
वो भूल गये कि हम–हमजिस्म हुआ करते थे,
हम आज भी उनके तसव्वुर में,
कराहकर साँसें लिया करते हैं।

जिन आँखों में उनका अदब हुआ करता था,
आज सबब है आंसू बहाने का।
सोच लें कि ज़िंदा नहीं हैं वो,
बहाना अच्छा है खुद को मानाने का।
मगर आती है फिर इक आवाज़ हमारी रूह से कि–
"होश की दवा कर शायर,
हम तो उन्हीं के लिए जिया करते हैं"।

The dilemma of two lovers with the most passionate red string bond in the world but still on the opposite side – it never stopped their feelings to bloom. They sat in one boat and travelled the distance but destiny played her game; she destructed the love and went on her happy way. Love is never easy but it isn't complicated as well. We make it complicated and sometimes ego is what creates a bridge between two people and it can never be crossed because neither him or her will cross...

17

बेज़ार

दरिया वहीं था,
पर किनारों पे हम थे
दरमियां हमारे अब
ऐतबार कम थे,
उस पार तुम थे, इस पार हम थे।

अना की कश्ती में
यूं दो सवार हम थे,
के मौसम के फरेबों से
इंकार कम थे
वरना उलफ़त के ज़ख्मों से
न बेज़ार तुम थे और न बेज़ार हम थे।

A story of love that started one day, with shy yet sly looks, and eye contact that stayed for hours, people knew and they did too but being oblivious was smarter. They fell slowly and crashed fast, but the heart was dead already. He wanted to revive it but nothing could mend the deadly... love it was, love it stayed – the story known but untold; the tears fall but never were shown, because he fell with frail heart with a stone.

18

मुंतज़िर - सिलसिला मोहब्बत का

बहकी नज़रों से दो पल
ठहरकर जब खिड़की से देखता हूँ,
तू पहला सितारा बन
शब के माथे पर
चहकता है।

बे–खुदी में तब दरअसल
शफक से आँखें लाल कर बैठता हूँ,
दीदा–ए–तर से जब
मुंतज़िर तुझे फिर से
जाते देखता है।

खबर–ए–इश्क में पहचान यूं हुई बाखतः
के गुज़रे दिल को खोजने
धड़कन–ए–सदा गुज़रे।

यूं ही ना था दिन और रात की यारी में झगड़ा
जो तड़प दिन के ख्याल में रही
वही रात के ख़्वाब में गुज़रे।

मेरे आँसुओं का सबब उन पर उधार रहा,
नाज़ुक से दिल में पत्थर का प्यार रहा।

Printed by Libri Plureos GmbH in Hamburg, Germany